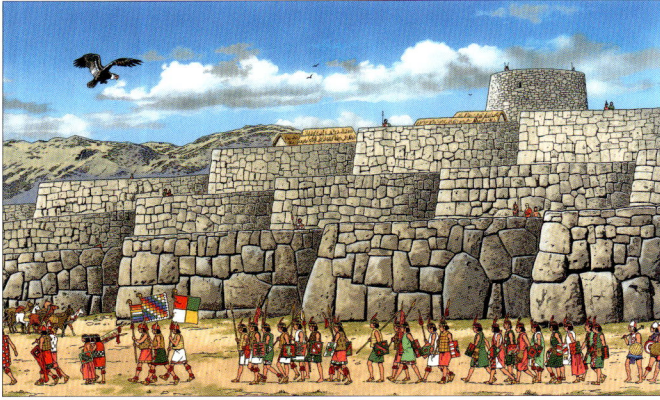

主要作者及丛书简介

雅克·马丁： 法国著名漫画大师，1921年生于法国斯特拉斯堡，早年便在漫画方面表现出过人的天赋，与著名漫画家埃尔热和雅各布并称为"布鲁塞尔学派"的三个代表人物。1948年，马丁创造出阿历克斯这个生活在恺撒时代的罗马青年形象，并在《丁丁》杂志上开始连载他的故事。凭借着广博的历史和文学知识、娴熟的绘画技巧以及对古代建筑精细准确的再现，马丁创立了一个以严谨考证为基础的历史漫画创作流派。1953年，马丁与埃尔热工作室合作，参与了几部丁丁漫画的创作。1984年，马丁获得法国艺术文学骑士勋章。1988年，卡斯特曼出版公司大规模出版"阿历克斯历险记"丛书，以庆祝马丁创作这套系列漫画40周年。马丁一生共创作漫画120多部，累计销量超过1000万册。2010年1月21日，马丁在瑞士逝世，他的助手们目前在继续他的系列漫画的创作。

"时光传奇"丛书： "阿历克斯历险记"系列漫画是雅克·马丁一生中最重要、最畅销的作品，也是世界漫画史上的经典作品之一。"时光传奇"丛书的重要组成部分即为"阿历克斯历险记图解历史百科"丛书的中文版。在本书中，阿历克斯和他的伙伴将穿越时空，带领读者领略各大古文明的兴衰。

特别感谢让·托尔顿对本分册的大力帮助。

法国漫画大师雅克·马丁作品

印加

［法］雅克·马丁 著

尹明明 杨吉娜 译

北京出版集团
北京出版社

目　录

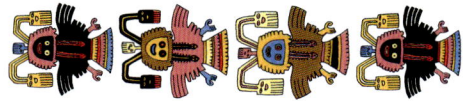

年　表

古代阶段先陶时期（前4000—前2000年）：先民们逐渐告别游牧、采摘和狩猎的传统生活方式，开始定居生活。生产方式也逐渐向农业和畜牧业靠拢，当地人开始饲养豚鼠和羊驼。

古代阶段旧陶时期（前2000—前900年）：秘鲁的不同族群开始在早期的仪式中心聚集。陶瓷制造业、纺织业和建筑业逐渐发展，铜器的冶炼技术开始出现。

前古典阶段（前900—前200年）：查文·德·万塔尔神庙正式建成。它不仅成为当时的朝圣中心，更促成了秘鲁历史上第一次文化统一。同时，金属冶炼业继续兴起。

古典阶段繁盛期（前200—650年）：秘鲁分裂成若干王国。文明开始在秘鲁的不同地方生根发芽：莫奇卡文化，也就是莫切文化，繁荣于北部沙漠；纳斯卡文化和帕拉卡斯文化落地于秘鲁中部和南部的广袤荒原。

古典阶段中后期（650—1000年）：南美洲大陆上最早的政治军事大国——瓦里帝国逐渐吞并了秘鲁境内的小国。与此同时，在蒂亚瓦纳科的土地上，名为艾马拉的神权帝国巍然落成，并在之后的历史中对瓦里帝国产生了极为深远的影响。在最初拥有棋盘式布局的主要城市里，都建起了防御工事。

后古典阶段前期（1000—1463年）：一些不为人知的事件导致了瓦里文化和蒂亚瓦纳科文化的衰落。与此同时，一些传承于莫奇卡文化和纳斯卡文化的新兴文化逐渐建立起来：新兴的奇穆文化以其强大的都城昌昌城为中心开始崛起、扩张，并以先进的金银器制造而闻名；钱凯文化、伊卡文化和钦查文化则以精美绝伦的纺织工艺而享有盛誉。

后古典阶段后期（1463—1572年）：印加帝国摧毁了奇穆王国，并逐渐将疆土上所有小国一一吞并，这也是在西班牙人踏上南美洲土地之前，秘鲁的最后一次文化大融合。当时的印加帝国国名为"塔万廷苏尤"，意为"世界的四个部分"。1533年，印加帝国的首领阿塔瓦尔帕被入侵者杀害，而印加帝国的残余势力仍然在比尔卡班巴的深山丛林中艰难维持，直到1572年完全被消灭。

秘鲁及其早期国家

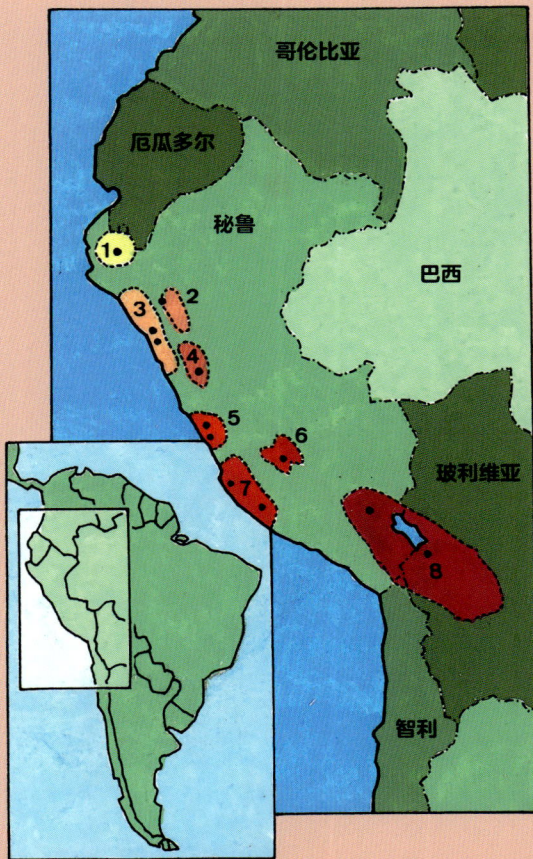

1. 比古斯文化
2. 卡哈马尔卡文化和查文文化
3. 莫奇卡文化
4. 雷奈伊文化
5. 利马文化
6. 瓦里文化
7. 纳斯卡文化和帕拉卡斯文化
8. 普卡拉文化和蒂亚瓦纳科文化

前　言

印加人自以为踞于险要地势，拥有设计精巧的防御系统，家园坚不可摧，安全无虞，完全没想到会有侵略者来犯。这些身着甲胄的侵略者手持"火杖"，像雷电般威力惊人！事实也证明，这场抗击侵略者的战争，双方实力完全不对等。印加人能做的，似乎也只有缴械投降或坐以待毙了。

我们可以认为，后来的印第安人用他们的神话来解释这场灭顶之灾。和墨西哥阿兹特克人景仰的帮他们选定定居地的羽蛇神一样，印加民族也有属于他们的白人之神，名曰维拉科查，时至今日，秘鲁人依然会给新生的白人婴儿起这个名字。贪婪的西班牙侵略者把秘鲁积累了几个世纪的财富席卷一空，特别是黄金，世人皆知他们有着极大的胃口，而秘鲁的藏金量在世界范围内首屈一指……

印加人从此一蹶不振，仅剩的印加后裔也因此被迫接受与自己毫无关联的宗教。几个世纪以来，侵略者就只有一个念头——搜刮一切金银并带回西班牙。于是，这些财富被运往中美洲港口，这些港口定期都会有武装商船运货到千里之外的国家。但大部分货船有的坠入海底，有的被风暴摧毁，有的被海盗劫持。海盗发现了这些意外之喜，便算好时间，伺机行动，赚个盆满钵满。数量惊人的船只就此踪影全无，无法估量的财富也随之沉入茫茫海底。

余下流入西班牙的金银，也足以使其成为欧洲第一大强国，西班牙国王菲利普二世凭借着这笔横财建起了足以威慑英国的"无敌舰队"。值得庆幸的是，当时的印加人偷偷将其中一些宝藏藏了起来，至今也没被人找到。期望有一天，这个巨大的宝藏能重见天日，今日的印加后裔也能从中受益。

如今，当年的西班牙侵略者已销声匿迹，秘鲁人遭受的创伤依旧难以平复，受尽蹂躏的残迹似乎陷入了永久的昏睡。至少还要几百年，探险者才能找到那些隐于深山的古老城堡，利用现代科技令这些宏伟的城市再现当年的恢宏。今天，旅者们通过公路和山地铁路来到这些遗迹，他们看见印加人蒙受的苦难，都会同情不已。世界终于意识到这一罪孽，然而为时已晚，唯有长叹！

盗贼和凶手早已坠入他们的地狱，远离了受害者所在的天堂，再也不能伤害他们。马丘比丘古城闻名于世，这座秘鲁安第斯地区的著名要塞，旅客日益增多，但这里地势险峻，高海拔会引起高原反应。由此可以看出，无论是当年还是现在，印加人都有着能在高海拔地区照常生活的特殊体质，平原上的居民则无法适应。

有人说，印加人和外星球有着某种联系，尤其是纳斯卡神秘大地画的鬼斧神工，更是巩固了这种说法，这个谜题至今还未能解开。不过可以确定的是，印加人和外星球的联系，应该只是神话故事中才有的美好传说。

谜题还没有解开，印加文明还有很多谜题等待我们去探索发现。

雅克·马丁

3

不为人知的历史

在印加帝国，被记载下来供后世阅读的史料都是经过大规模美化加工的。帝国的统治阶层会严格控制史官的工作，决定哪些历史可以记载，哪些历史需要从史册中删除。史料中记载的秘鲁原住民都是披着兽皮的人，他们在荒芜和混乱中惨淡度日，甚至有蚕食同类和人肉祭奠的传统。因此，就连吞并印加帝国领土的西班牙人也曾经相信，在秘鲁的疆域上，除了印加文明，之前的民族都是一些原始、落后的部落。

后来，印加人出现了。太阳慷慨地派遣了名为曼科·卡帕克和玛玛·奥克洛的一男一女来解救人类于水火之中。

他们二人不但带来了"真正的宗教信仰"（对太阳的崇拜），为人们制定了公平公正的法律，还教会了这些先民如何耕地、灌溉、畜牧、纺织、制陶以及如何建造房屋和城市。

按照印加帝国历史学家的记录，印加人都是太阳的子孙，太阳给予了他们统管四方、为全人类创造福祉的至高使命。

现如今，我们都能看出，这就是印加帝国为了统一和教化其他民族而创造的说辞。在真实的历史中，被印加帝国逐步吞并的大大小小的王国里，很多王国的人民生活都井井有条，甚至比那些所谓"太阳之子"生活得更加有序。

在此书中，我们暂不一一展示所有这些王国的历史，但是对于那些在秘鲁历史中占据重要地位或具有代表性的文明与文化，我们会将它们的故事娓娓道来。

起源

这些在南美洲大陆上扎根的"印第安人"都来自哪里呢？跟他们在墨西哥和尤卡坦的"远房亲戚"一样，这些人大多都是亚洲移民的后裔。他们的祖先从亚洲出发，穿越白令海峡，最终漂洋过海来到美洲。（此段历史可参考"时光传奇"丛书《玛雅》分册。）

然而，在南美洲大陆的西海岸，也曾涌现过大量的移民潮，这些移民来自印度尼西亚、菲律宾、美拉尼西亚和波利尼西亚群岛。现有的证据足以证明这一点。南美洲克丘亚语[1]和新西兰毛利族的语言有着惊人的相似之处，两种语言中的很多词汇语义相同，比如"印加"一词，在两种语言中都作"帝王"之意；除此之外，在澳大利亚土著方言和南美洲印第安人方言之间还有至少93个语义相同的词汇。

关于移民，还有一段历史传说。传说一个名叫南姆拉普的领袖曾带领自己的一众人马漂洋过海，浩浩荡荡地登陆秘鲁。随后，南姆拉普还曾在这片土地上建立起一个文明王国。

雷蒙迪石碑。这块高达2米的巨型石碑是皇权至高无上的象征。接下来我们将在秘鲁的各个地方见到它的身影，甚至在蒂亚瓦纳科的太阳之门上，也能见到它

镶嵌在一座半地下神庙墙上的雕塑。这座半地下神庙坐落在蒂亚瓦纳科的卡拉萨萨亚神庙前（Tacio Philip Sansonovski 供图）

【1】 克丘亚人是印加人的主要后裔之一。
注：因供图方分别来自不同国家和地区的个人、网站、博物馆和科研机构等，故本书只保留供图方原文，以便读者查阅和考证。

查文文化

不论南美洲的原住民如何往来迁徙，这片土地上最重要、最古老的文化始终都是查文文化。查文文化的出现时间与奥尔梅克文化在中美洲起源的时间几乎相同，而两种文化之间也存在着惊人的相似之处，比如两种文化都崇拜美洲虎。但是现今并没有证据能够直接证明这两种文化有过交集；或许在未来，新的发现能为我们解答更多。

查文文化的影响波及很广。其宗教建筑的建筑水平已经很高，比如查文·德·万塔尔神庙地下设计精巧的输水管道，能够持续保持动力，源源不断地将河水输送到神庙当中。基于农民的朴实以及对神明的敬畏之心，祭司阶层的统治稳固扎根。

来自四面八方的朝圣者为秘鲁带来不计其数的贡品，"牟利者"大发横财，但同时也推动了秘鲁手工业的发展。

兰松石碑，高4.5米，代表了查文文化的主神，即一只面部融合了鳄鱼和猫科动物特点的怪兽

查文·德·万塔尔神庙外观（Jess Kraft 供图）

特略方尖碑

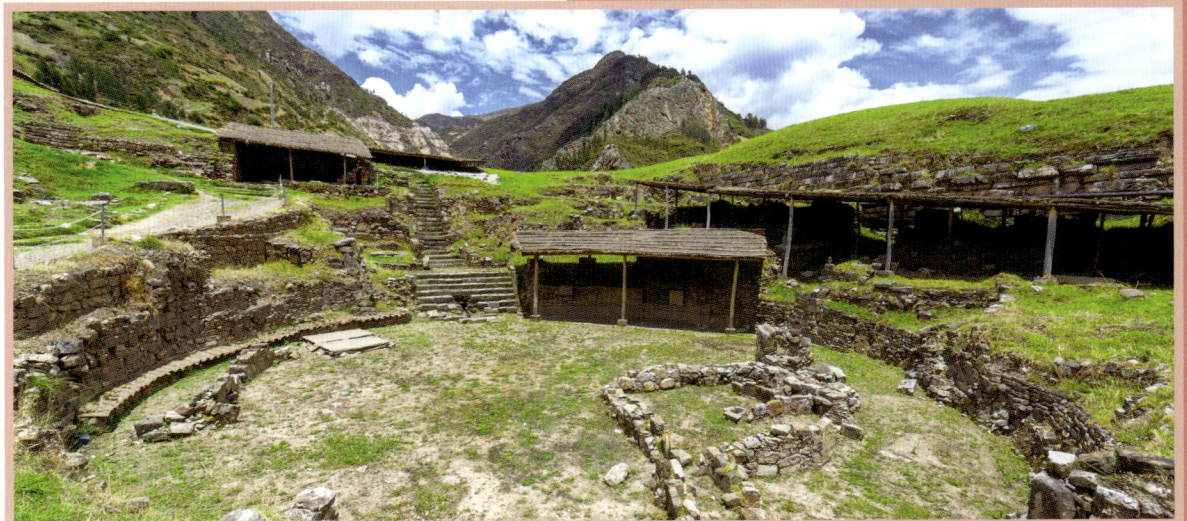

查文·德·万塔尔神庙内部（Jess Kraft 供图）

白山的神庙，建于查文文化建筑风格的形成时期

莫奇卡文化、纳斯卡文化和帕拉卡斯文化

公元前200年左右，查文文化的大多数宗教活动中心都被遗弃废置，其中的缘由我们目前还不得而知。经济往来因此被打乱，一些山区部落之间也陷入了僵持状态。

秘鲁北部狭长的海岸线孕育了莫奇卡文化，也就是莫切文化；而中部和南部的海岸则催生了纳斯卡文化和帕拉卡斯文化。这些文化之间不断争斗抢夺的，正是宝贵的水资源。

古老的查文文化虽然临近败落，但其中的很多文化还是被新兴的文化继承了下来。比如，莫奇卡文化中的"主神"就与查文文化中的一位神灵十分相似。莫奇卡文化中，金属的冶炼技术十分发达；莫奇卡文化之后出现的奇穆文化也拥有先进的金属冶炼技术，这两种文化也成为秘鲁历史上冶金术最高超的文化，甚至远超后来的印加人。

纳斯卡人的制陶工艺巧夺天工，帕拉卡斯人的纺织水平则遥遥领先于同时期美洲其他文化。

这一时期，印第安人还修建了令他们无比骄傲的金字塔。现如今已很难将这些曾经的建筑奇迹复原，因为修建金字塔的材料大部分为自然晒干的土坯砖，经过了几个世纪的风吹日晒，砖块逐渐变形；如果不是大致的形态尚在，我们甚至无法得知当时的金字塔是什么样子。

但瓦卡·查奥·维亚哥神庙却是个例外，遗迹残余较多，可以对其开展尝试性的复原工作。这座金字塔为莫切人所建造，工程前后共分为7个阶段，耗时约600年；塔身共6层石阶，占地面积与一个

西潘王

对于莫奇卡文化，我们已经见识过了他们绘制的人像或日常生活的精美陶器；而在1989年，一座处于美洲古代文明时期（哥伦布"发现"新大陆之前的时代）的遗址——西潘村的古墓被发掘，考古学家又有了关于其特色服饰、金银细工和各类小物件的新发现。这座古墓属于一位莫奇卡文化时期的帝王，在此之前，墓穴完好无损，没有被渎神者刨掘破坏过。这是迄今为止伟大的考古发现之一。

同时，这也是近代历史上第一次为我们所看到的完整而精美的古秘鲁帝王墓。

西潘王躺在一个木制棺材当中，周围环绕放置着8具古尸，这些都是他的手下精兵或宫中嫔妃；西潘王的周围和身上堆满了装饰品、帽子、徽章、瑰丽的艺术品、宝石美玉和金银铜器，十分华丽。

足球场相当。

这座金字塔中的一幅幅画作展现出一个好战、暴力而残忍的民族：一个个被绑在柱子上的囚徒连成无尽的长队，祭司们挥舞着砍下的头颅。这里曾经是血腥的祭祀场所，一排排的俘虏在这里被逐个处死。这些活人被生生割开咽喉，鲜血全部收集在一个金器当中，供祭司饮用。

其实，在一直保有人肉祭品传统的美洲古代文明时期，印加人成功地逐渐将作为祭品的人换成了羊驼；且还有许多其他相似的例子。这种百牲大祭的场面，在之前的阿兹特克文明、莫奇卡文化和奇穆文化中都不曾有过。这么看来，印加人声称自己的到来教化了当地的原住民，似乎也没有说错。

蒂亚瓦纳科和瓦里文化

蒂亚瓦纳科这座位于的的喀喀湖湖畔的城市，曾居住着3万~4万人。

此处的居民以艾马拉人为主，直到今天，艾马拉人的后裔群体依然十分庞大。

在这里，巍峨的金字塔、空旷的广场、宽敞的街道、随处可见的雕塑与浮雕装饰，都令人叹为观止。

在蒂亚瓦纳科，还能见到由一整块巨石雕成的石雕——太阳门，这块巨型雕塑的正中门楣上雕刻着雷之神，雷之神的周围环绕着很多长有翅膀的人物形象。

下图中这座神庙主殿的外墙装饰着许许多多的人头浮雕，而这些浮雕正代表着人类当中的受难者——和莫奇卡文化一样，这座神庙也是血腥的祭祀场所。

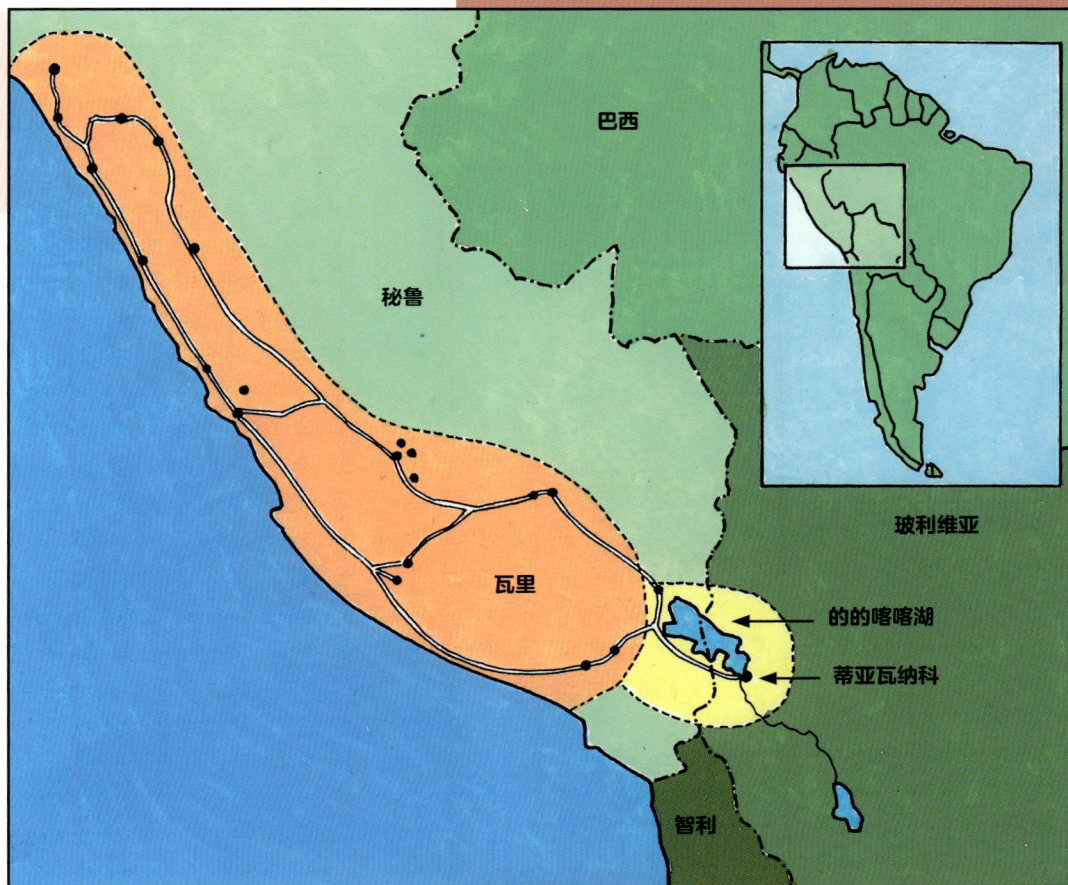

蒂亚瓦纳科-瓦里帝国简要地图

蒂亚瓦纳科的神庙（David Hiavacek 供图）

瓦卡·查奥·维亚哥神庙中的祭祀仪式

莫奇卡文化西潘王墓穴。在西潘王周围陪葬的古尸有他曾经最宠爱的嫔妃和手下精兵、仆人，甚至还有动物。墓穴中的人形陶罐则象征着民众

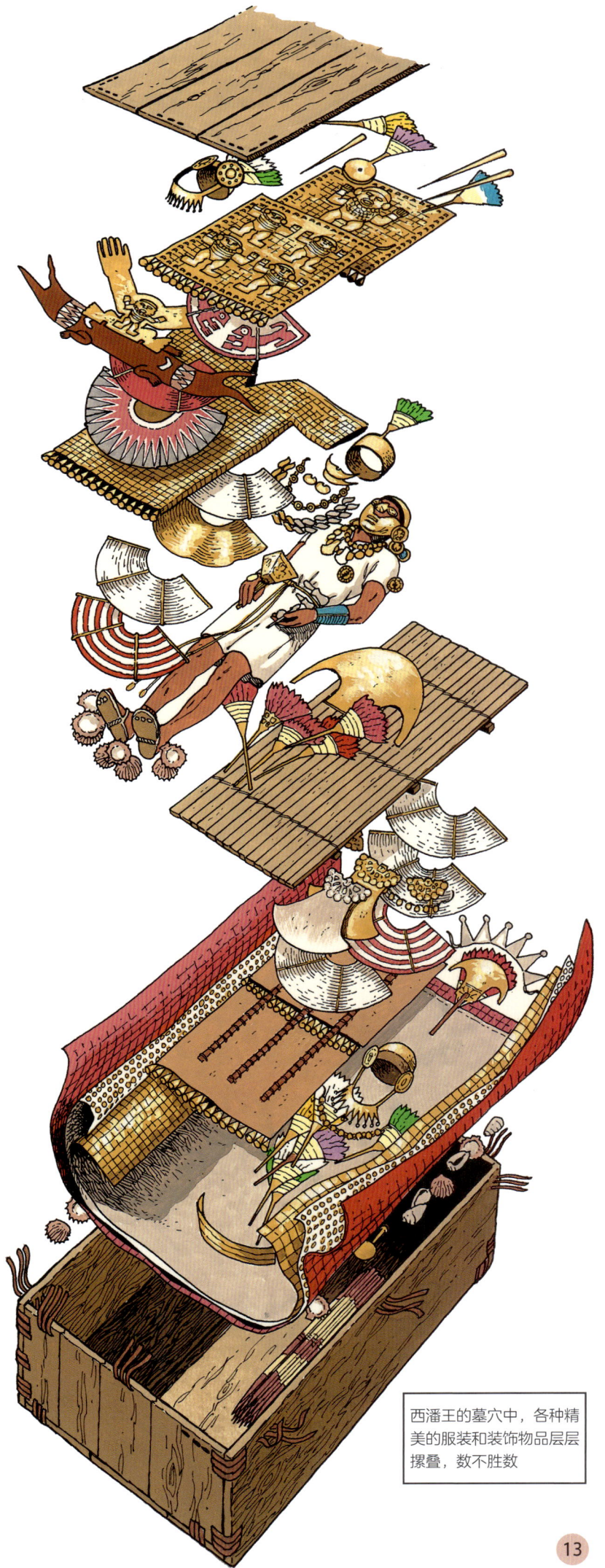

西潘王的墓穴中，各种精美的服装和装饰物品层层摞叠，数不胜数

蒂亚瓦纳科城一隅

朝圣者在蒂亚瓦纳科的太阳门前准备贡品。这座巍然的石门完全由一整块巨石雕刻而成

古剧场现状图（David Hiavacek 供图）

蒂亚瓦纳科风格的
人形石碑像

奇穆王国

随着蒂亚瓦纳科–瓦里帝国的日益衰落，强大的蒂亚瓦纳科逐渐失守，新的王国——钦查王国、钱凯王国等国家开始出现。

楚迪建筑群墙上的鱼形浮雕（Michel Piccaya 供图）

莫奇卡文化由一个新的王国所继承，即奇穆王国。奇穆王国也毫无争议地成为当时（约1000—1450年）南美洲最强大的国家。900年左右，奇穆王国在距离古老的莫切王国不远的地方建立了都城昌昌城。

昌昌城占地20多平方千米，居民有3万余人。1350年前后，以昌昌城为起点，奇穆王国开始了疆域的大肆扩张延伸。昌昌城内的建筑多用土砖砌成，城墙排列犹如巨大的迷宫一样错综曲折，墙上绘制着有宗教象征意义的花纹图样和浮雕。作为莫奇卡文化的后继者，奇穆文化同样擅长金银器制作。

昌昌都城的守卫士兵石像（Michel Piccaya 供图）

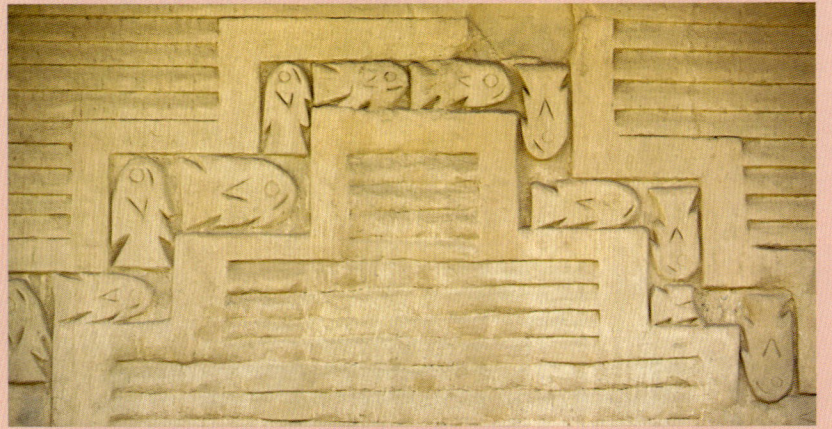

此后的15世纪上半叶，位于库斯科的一个野心勃勃的小部落计划着要建立一个新的王国，这就是后来的印加帝国。但这个小部落的处境也十分严峻，以钱凯王国为代表的邻国都虎视眈眈，为了自保，它只能对周边的小国发起攻击，将其一一吞并。

为了抵御这个新的威胁势力，奇穆王国修建了坚固的帕拉蒙加堡垒，但最终还是没能抵挡住印加帝国来势汹汹的攻击。

昌昌城（Michel Zysman 供图）

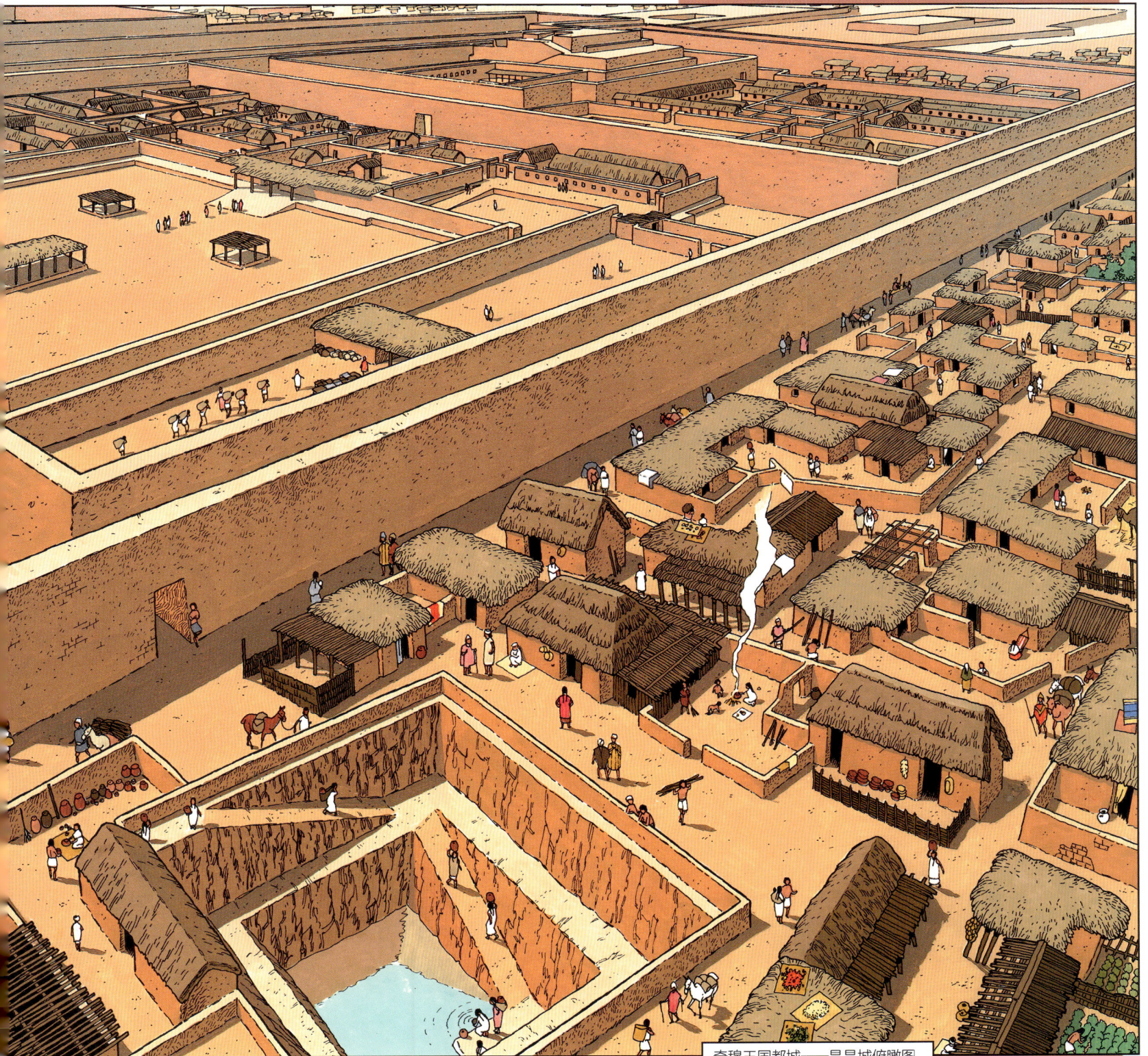

奇穆王国都城——昌昌城俯瞰图

奇穆文化的"龙之神庙"，也称"彩虹神庙"。这座奇穆文化宗教建筑的历史可以追溯到1300年

印加文明

在占据了3个王国领土的基础上，印加帝国继续着领土扩张，最终占据了绵延4000多千米的疆土，疆域内生活着1200万~1500万居民，是美洲古代文明时期最庞大的帝国。

以古法制造的小船（Christian Vinces 供图）

印加帝国曾被称为"塔万廷苏尤"，意为"世界的四个部分"。

印加人在艺术方面并没有太高的造诣，他们将全部的精力都投入政治和社会治理当中，更加注重实用主义，比如基建的坚固性和技术的先进性。

印加人的文化中并不缺乏织品、陶器、金银制品以及丰富而精美的各种物件，但这些物品却是其他文化的精华，而印加人也将其纳入自己的帝国文化之中。印加人在工作的时候，喜欢一大群人井井有条地进行。于是，在郊区地带，所有的族群成员都生活在"安鲁斯"模式的族群关系中，即不同的家庭组成一个大的群体，共享民主与平等。

大家一起分担工作量，劳动的果实大家也会按需分配，但是其中的大部分收成都会被国家抽成并储存起来，以备遭遇饥荒天灾时使用。因此，印加人的生活尽管有充足的生活必需品，但并没有太富裕和物质自由。在我们看来，印加老百姓的生活方式似乎一成不变、循规蹈矩，但也正是这样的生活方式，令印加人拥有应对饥荒、灾难以及战争的井然秩序与有力保障。于是，这些南美大陆上的印加人变得安静寡言甚至消极，国家会负责一切民生问题，包括老弱病残人群。

美洲古代文明时期盛行人肉祭祀传统。在印加帝国，遇到重大祭祀活动还是会将青壮年作为祭品献上，不过作为祭品的青年在被供奉前会得到丰盛的食物，并服用一定的药物麻醉。在其他祭祀场合，人肉祭祀被羊驼祭祀所替代，降低了这种祭祀仪式的残忍程度，甚至有些时候，祭祀仪式不再用活物做祭品，而是以木制或金属的仿制品来代替。

印加历代国王

曼科·卡帕克（约1200年开始统治）

一代传奇君王，正是他的努力，使印加人开始相信他是"太阳之子"。在确认继位者时，他直接指定了一个时代各个藩国的国王，而非只为自己找一个继承人，每个藩国国王仍然只管理一个部落。

辛奇·罗卡（约1230年开始统治）

"辛奇"这一传说中的名称带有浓厚的王者气息，意为"万众之主"。辛奇·罗卡在库斯科地区掌管多个克丘亚部落。

略克·尤潘基（约1260年开始统治）

爱好和平，同时致力巩固自己的王国。

梅伊塔·卡帕克（约1290年开始统治）

略克·尤潘基的第四个儿子，一举镇压了阿尔卡比扎联盟。他占领了科尧地区，并将疆域拓展至的的喀喀湖畔。在他的带领下，印加人走出大山，并一路到达了阿雷基帕。

卡帕克·尤潘基（约1320年开始统治）

为了抗击肆意扩张的钱凯人，他下令修建了一座连接阿普里马克和阿道瓦拉斯的巨型大桥。在他执政期间，印加帝国的国土范围一直在进行扩张：从的的喀喀湖到今玻利维亚境内的波波湖和科恰班巴峡谷。当时的印加帝国，交通有序，桥梁和道路使人们更好地沟通和交流。

印加·罗卡（约1350年开始统治）

这位生性叛逆的国王扩大了首都库斯科的边界，开设了若干学校，并解放了钱凯人控制的安塔瓦伊利亚。

维拉科查·印加（约1410年开始统治）

这一时期，钱凯人企图东山再起，但维拉科查直接将其击退，并使印加帝国的实力更上一层楼。维拉科查老年时期，他的儿子乌尔卡辅佐其执政，但乌尔卡荒淫无度，胆小懦弱，给了钱凯人又一次卷土重来的机会。这一次，印加帝国被钱凯人彻底击败。就在维拉科查父子二人即将投降之时，一位青年拯救了印加帝国。

库西·尤潘基

与维拉科查父子不同，库西主张与钱凯王国进行抗争，他带领残余的印加军队组成新的军事联盟，彻底铲除了占领库斯科地区的异族势力，并且控制了钱凯王国的首领。这条意外的捷报一经传开，立刻引得周边不少部落向印加帝国投诚，乌尔卡曾经的拥护者也纷纷投至库西麾下，拥立库西为王。印加帝国的新时代就此开启，国王库西也正式更名帕查库特克。

帕查库特克（1438—1471年在位）

帕查库特克这个名字的含义是"改变世界格局的人"，他是印加历史上最重要的国王之一。在其统治时期，他组织所有被征服的钱凯人一起修建了庞大的行政、宗教和军事中心。随后，通过精密布局的战争，印加帝国又进一步吞并了钦查王国和其他一些民族，疆域范围进一步扩大，西边甚至已经达到了太平洋沿岸，帕查卡马克成为印加帝国至高的思想中心。而东面，印加人的脚步已经来到了亚马孙丛林。帕查库特克联合他的儿子图帕克·尤潘基一起抗击强大的奇穆王国，最终也使奇穆民族投至印加麾下。至此，除了今厄瓜多尔和哥伦比亚地区，印加帝国几乎统一了南美洲西北部的所有部落，仅剩少数原始民族还未归属印加帝国。

图帕克·尤潘基（1471—1493年在位）

在印加帝国南部，疆域扩展的脚步被阿塔卡马沙漠和阿劳卡尼亚地区阻断，即使是后来的西班牙侵略者也没能突破。在北部，印加帝国连续攻陷了加纳利、查查波亚斯、卡拉斯和基多王国的都城。陆地上的扩张已经不能满足图帕克，他对西边大海对岸的世界产生了极大的兴趣，于是，这位大胆的印加国王便开始了海路探索。他带领着数千手下，编组了几百只筏艇的船队，浩浩荡荡驶入太平洋，在海上漂荡了一年之久。不得不感叹，印加人勇气可嘉。

瓦伊纳·卡帕克（1493—1527年在位）

此时的印加帝国威震四方，国王将国土一分为二，分别归属于他的两个儿子：北边的疆土由阿塔瓦尔帕掌管，以基多城为都城；南边则分给了瓦斯卡尔，以库斯科为都城。这样的分管方式为南北两兄弟之间埋下了分歧的种子，于是，在西班牙侵略者到来之时，这种分歧成为印加帝国毁灭的导火索。

瓦斯卡尔（1527—1532年在位）

瓦斯卡尔在王位争夺战中败给了阿塔瓦尔帕，随后被西班牙侵略者俘虏。传说，西班牙人想利用两兄弟的明争暗斗扶植一个傀儡掌权，急于自保的阿塔瓦尔帕命人暗杀了瓦斯卡尔。

阿塔瓦尔帕（1532—1533年在位）

阿塔瓦尔帕和瓦斯卡尔是兄弟，二人在父王过世后开始争夺王位，阿塔瓦尔帕在内斗中获胜，于1532年成为国王。但他仅仅在宝座上坐了一年，就沦为了阶下囚，被入侵的西班牙侵略者在审判中扣上了残害手足、偶像崇拜、放荡淫乱和背叛民族的罪名，最终被处死。

曼科·尤潘基（1533—1544年在位）

1533年，他被西班牙侵略者指定为阿塔瓦尔帕国王的继任者。上任后，他立即揭竿而起组织抵抗，甚至一度把入侵的西班牙人逼入绝境。可惜的是，他不再拥有印加众多民众的支持，要知道，当时的印加帝国早已民不聊生，人心涣散，有些印加人甚至叛变祖国，追随入侵者的铁蹄而去！曼科的英雄事迹不止于此：西班牙人进攻的火炮震天动地，印加人用手中原始火棒抵抗无异于以卵击石；但即使曼科的军队被逼退至比尔卡班巴的深山老林，曼科也从未放弃抵抗。1537—1544年，他依然艰难地坐在印加国王的宝座之上，直至最后惨死于他收留的西班牙叛军手中。

塞里·图帕克

曼科国王的儿子，1555年向侵略者投降，据称最终被人投毒致死。

蒂图·库西·尤潘基（约1558—1570年在位）

曼科国王的另一个儿子，亲眼见到反叛者杀死了他的父亲，便来到比尔卡班巴主持抵抗侵略大局。在他的执政生涯中，他受洗并接待了多位传教士，保住了印加帝国仅剩小王国的主权独立。有猜测称这位国王后来被一名西班牙僧侣投毒致死。

图帕克·阿马鲁（约1570—1572年在位）

代理国王弗朗西斯科·托雷多决定将残缺的部族迁往比尔卡班巴，此时的印加帝国早已黔驴技穷，无法抵抗侵略。图帕克·阿马鲁在逃亡中被侵略者逮捕并处死。印加帝国彻底灭亡。

库斯科——"世界的中心"

在印加帝国的都城库斯科，所有的庞大建筑都是为了抵御恶劣的环境和自然灾害的侵袭。

说起印加人，不得不提他们的石质建筑。与秘鲁其他地方以土砖为主要建筑材料不同，印加人大量使用磨制的石块，将其作为建筑材料，石材的打磨精准、细致，每一块石头之间都咬合得天衣无缝，令人叹服。当时的印加地区，地震灾害频繁发生，这种建筑也是为了预防地震带来的破坏而设计的。

萨克赛瓦曼石头门景点（Bryan Busovicki 供图）

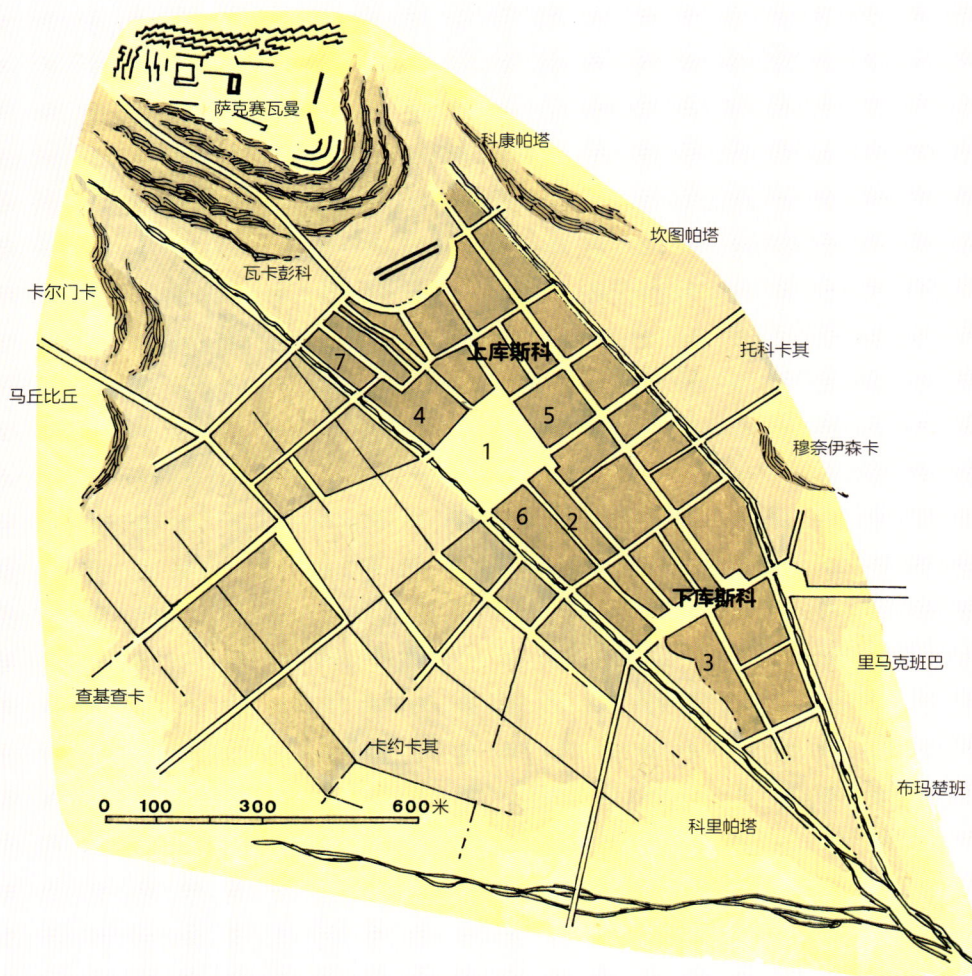

库斯科简要地图

1. "瓦卡依·帕塔"，仪式广场
2. "阿克拉瓦西斯"，圣女殿
3. "克里干查"，太阳神庙
4. 帕查库特克宫殿

上库斯科和下库斯科的地形轮廓将中间区域与外部分隔开来，而在其周围辐射出12个城区：

坎图帕塔（Cantupata）
托科卡其（Toco Cachi）
穆奈伊森卡（Munaysenca）
里马克班巴（Rimac Pampa）
布玛楚班（Puma Chupan）
科里帕塔（Coripata）
卡约卡其（Cayao Cachi）
查基查卡（Chaquilchaca）
马丘比丘（Machu Picchu）
卡尔门卡（Carmenca）
瓦卡彭科（Huaca Punco）
科康帕塔（Colcampata）

5. 伊拉科查神庙
6. 瓦伊纳·卡帕克宫殿
7. 真知堂

萨克赛瓦曼堡垒

印加人的驻军就在萨克赛瓦曼堡垒的中心巡逻监视。这座巨大的防御工事位于库斯科北部的一座山上，由里外3层的同心环状石墙组成，石墙呈阶梯状排列，层与层之间留有极为宽敞的空地。这些石墙围绕着一所配备有巨大蓄水池的庭院，一旦城市被围困可以保障用水。寺庙和房屋就顺着水源的流向林立，其中还有3座巍峨的城堡高塔——2座方塔和1座气派的圆塔。

连接着这3座城堡高塔的是一条条隐蔽的地下通道，如迷宫一般错综复杂，第一次来这里的人，如果没有人引导，很容易迷失在其中。关于萨克赛瓦曼堡垒，有一个问题至今困扰着人们，建造这些城墙的石块是怎么被挪动过来的呢？那时候还没有机器的辅助，而某些巨石高达4米，最大的一块整石材料有8米之巨，10余吨重，难怪当时西班牙人会认为，这些伟大的建筑是鬼斧神工了。

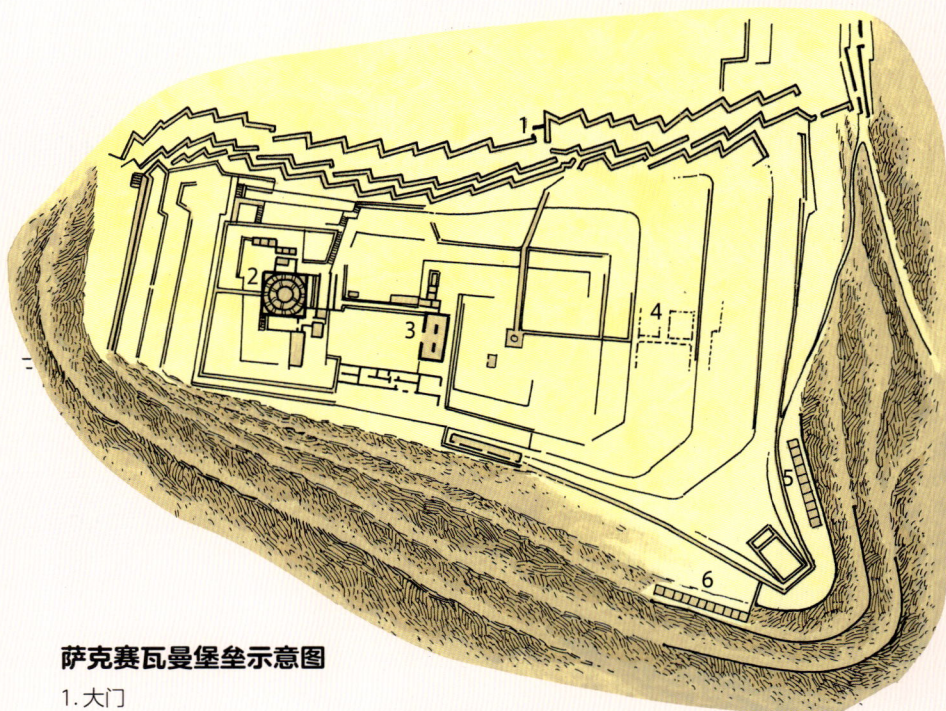

萨克赛瓦曼堡垒示意图

1. 大门
2. 穆尤马尔卡城堡塔
3. 萨亚卡马尔卡城堡塔
4. 普卡马尔卡城堡塔
5. 6. 布玛楚班仓库

这里便是印加人世代生存的核心区域。

都城库斯科地处海拔约3500米的高地，按方位分为4个区域——城北、城南、城东和城西。

城市的规划从举行盛大节日庆典的中央广场辐射开来。

这座城市的建设耗时20年之久，在帕查库特克国王的带领下，5万名印第安人投身到了城市建设中去；在鼎盛时期，城市居民200万~300万。

库斯科有着棋盘状城市格局和"十"字形路口，街道已十分狭窄，还被排水沟一分为二。

整个城市虽然地域广阔且气势磅礴，但总笼罩着一股单调之气：大部分的居住区都由一系列"堪查斯"构成，即住宅组，以围绕矩形围墙修建的三四幢住宅为一组。

其中，最先引人注目的就是追求简洁的建筑理念。

宫殿、寺庙和房屋的设计都再现了克丘亚农人极尽谦卑的寓所：茅草屋顶，四面实墙，一扇大门，内设壁龛。

窗户与外部装饰都十分少见。显然，根据建筑物功能的不同，其整体的尺度和宏伟程度会相应增减。大部分建筑只有1层，也有2层或3层的，如比维拉科查神庙。

萨克赛瓦曼堡垒遗址（Christian Vinces 供图）

穆尤马尔卡城堡塔遗址（Joel Blit 供图）

印加帝国都城——库斯科俯瞰图

萨克赛瓦曼堡垒一隅（Adrian Philips 供图）　　（Shipfactory 供图）　　（F.A.Alba 供图）

萨克赛瓦曼堡垒遗址全貌（Byelikova Oksana 供图）

（Julius Fekete 供图）

（Christian Vinces 供图）

萨克赛瓦曼堡垒的三重防御工事。在画面的前方是列队行进的长矛兵和防御兵，队列前排举起的旗帜按一定顺序排列，从前至后分别是：印加帝国旗帜、科利亚苏尤旗帜以及塔万廷苏尤旗帜

萨克赛瓦曼堡垒的其中一个出入口

门锁系统

萨克赛瓦曼堡垒一隅（Bryan Busovicki 供图）

（Alfredo Cerra 供图）

典型的"堪查斯"式住所群居生活

太阳神庙

太阳神庙位于印加帝国的首都库斯科，在克丘亚语中被称为"克里干查"，是主祭司指定的神圣宗教场所。

神庙入口处饰有金银装饰花纹，入口处外墙宽阔，墙体向远处延伸。神庙的主要建筑虽然造型简单，但无一例外都装饰有贵重的金属材料。

太阳神庙一共由5部分组成，是由太阳神庙、月亮神庙、星之神庙、雷之神庙和彩虹神庙组成的神庙群。太阳神庙的圣器室同时也作为召集祭司的场所，其地面用金子铺设而成。

太阳神庙的外部轮廓堆砌着黄金石板，内部的壁龛上罗列着镶嵌有名贵宝石的金羊驼像；就连印加圣花园周边的5处引流水管，都是用大量黄金制造的……

神庙所在的平台上坐落着另一座华美绝伦的花园，它的"含金量"，令西班牙入侵者瞠目结舌。

这里的一切几乎都是金子做的，一花一叶，一草一木，一鸟一兽，全部用黄金打造，甚至有一组牧羊人带领着20只羊驼的雕塑，也完全由纯金打造。

这都是为了向散发着无限光辉的太阳抒发最虔诚的敬仰之情。在太阳神庙内，还有一个盛满了玉米酒的酒池，就是为了随时能给饥渴的太阳之神带去滋润。

太阳神庙的内部装潢更是极尽奢华，所有的墙壁都由纯金铺就，熠熠闪光。

祭坛之上，在底墙的中心处放置着一个巨大的金色轮盘，直径跟车轮

岩石祭坛（Vitmark 供图）

差不多大，有一根手指那么厚。金色轮盘在太阳的照耀下光彩夺目、光芒万丈，其左右各有一个较小的轮盘，分别为日形金盘和月形银盘。

在巨大的金盘上面，有名为"三只羊驼"的星座图腾，两边是它们的牧羊人，下方还绘有南十字星座的5颗星星。最下面的祭坛之上放置着一男一女的人像雕塑，他们是传说中的第一代印加国王曼科·卡帕克与王后玛玛·奥克洛，也是太阳和月亮的象征。

雕塑周围对称摆放着许多具有象征意义的物品：象征着云雾缭绕的金星和昴星的星球、象征着闪电的曲折的雷电符号、画有3座高山象征着地球的圆形土地、4条象征着彩虹的弯曲弧线，还有无上之神遍察全地的7只眼睛、万物发源地的的喀喀湖、一汪泉水、一只美洲虎以及一棵大树的形象。

这些图腾都具有深刻的含义。在靠墙的地方摆放着黄金宝座，上面伫立的是已逝国王的木乃伊，还有制成巨大包裹的华服，上面放置着用人皮精心制作的假头像，每个头像都戴有精美的皇家礼帽，遇重大活动还会佩戴黄金面具。经过防腐处理的尸体就蜷缩在里面，面向城市。距此不远就是月亮神庙，其墙壁四周全部用银色石板铺就，这座银光璀璨的宝殿存放着印加数位王后的木乃伊，它们全部身着华服，极尽靓丽。

在秘鲁，与此类似的宗教圣殿还有不少，但装潢都不如太阳神庙华丽，很多人观览其他庙宇后也会因此发出"这些宫殿与秘鲁不匹配"的感叹。

的的喀喀湖总面积8559平方千米（Chiakto 供图）

黄金花园

34

（Sharptoyou 供图）

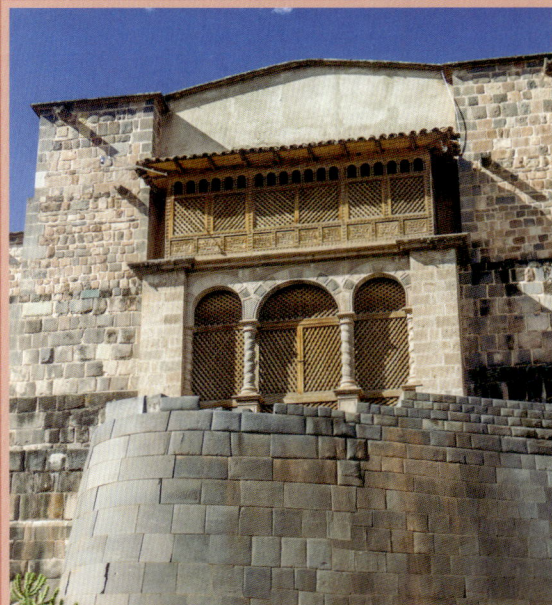
（Matyas Rehak 供图）

太阳神庙

太阳神庙

太阳神庙是印加人心目中的至圣之地，这座金碧辉煌的围城位于印加帝国都城——库斯科的中心地带。太阳神庙是许多皇家重大活动的场所，从婚礼到加冕礼，再到葬礼，全部在此举行。

太阳神庙同时还是已逝国王木乃伊的存放之地：木乃伊端放在金色的宝座之上。西班牙人曾这样描述太阳神庙：在蓝色墙壁的映衬下，黄金在肆意流淌着耀眼的金光。不管是精致的门楣、神圣的祭坛，抑或是镶嵌着名贵宝石的雕塑，黄金的光芒都是那么夺目，与日月同辉，与星宿共明。

当年的侵略者就是通过太阳神庙的大门继而发现这座奇迹的。它的大门上装饰着华丽的金银饰品，顺着金丝银丝的指引即可到达圣堂，随后映入眼帘的是象征皇权伟大的日形金盘。但遗憾的是，西班牙侵略者将这座宝库洗劫一空，只留下关于它的华丽传说和残存的遗迹。现如今，太阳神庙的遗址上已经重新建起了圣多明各修道院。

白羊驼祭祀

白羊驼祭祀仪式在太阳神庙举行（见下图），圣女会将作为祭品的白羊驼的血收集起来，并在之后添加到食物中去。在底墙的最上方，绘有象征着"三只羊驼"的星座——猎户星座（星座主体由参宿四星座和参宿七星座等组成），两侧还伫立着两位牧羊人的形象。

在其下方，竖立着一个象征宇宙始祖的金色椭圆盘，但其位置已经被一个金色人像太阳圆盘所替代，寓意为至高无上的太阳；每当太阳升起，阳光都会铺洒在圆盘之上，光彩夺目。太阳圆盘的两侧还有一金一银2个小圆盘，3只圆盘之下的最左端绘有闪电图腾，闪电的右侧绘有金星周相；从此再往右看，由上至下分别绘有昂星团的夏季星象图、带高山和皮科马约河图案的地球图腾，以及神的7只眼睛。

在这组图腾的右侧，依次排列着一弯彩虹、"天空之星"南十字星、一只掌管暴雨和冰雹天气的美洲虎，以及另一组金星周相。其下，还绘有云雾中的昂星团冬季星象图及象征自然和植物的一棵大树。在宫殿底墙前的金色祭台之上，放置着两个象征奉太阳之命来拯救人类的男女雕像。宫殿内两侧排列着立于黄金宝座之上的木乃伊，这些佩戴了黄金面具的木乃伊被严严实实地用各种祭品和装饰品包裹起来，里面放置有各个已逝国王的圣体。

白羊驼（Sunsinger 供图）

印加帝国位于塔姆博马柴的天然浴场（Seb001 供图）

阿克拉瓦西斯——被选中的圣女殿

  阿克拉瓦西斯是一座修道院式建筑，殿中居住的都是被选中的圣女，由一位女修道院院长来监督她们的生活。这些圣女来自全国各地，因天生丽质而被选入殿中。

  入宫之后，她们负责每日准备供奉太阳的酒水和食物。

  由于这些圣女被认为是太阳的配偶，她们必须保持身体的绝对贞洁，否则就会受到最严酷的刑罚。

  忠贞一旦打破，圣女就会遭到被活埋的惩罚，甚至还要目睹自己九族被诛。除了侍奉太阳，一部分圣女会成为国王嫔妃的人选，也有可能被国王当作礼物送给贵族重臣。

印加帝国位于塔姆博马柴的天然浴场

帕查卡马克的阿克拉瓦西斯，即圣女殿。图为修建柱廊之后的景象

阿克拉瓦西斯即圣女殿遗址远景（Skyfish 供图）

修建柱廊之前的景象

印加王国典型的梯田间小路

马丘比丘

虽然印加文明古迹遭到西班牙人的摧毁，但有一处古迹至今仍完好无损地矗立在南美洲大陆上。这座古迹直到1911年才被美国考古学家海勒姆·宾厄姆发现，时至今日它已名扬海外。它，就是著名的马丘比丘遗址。

马丘比丘一隅（Alfredo Cerra 供图）

在领土被西班牙人占领之后的数十年里，残余的印加人为继续抵抗侵略者而藏身于比尔卡班巴，马丘比丘就是比尔卡班巴的一部分，并且貌似从来未被西班牙侵略者的铁蹄践踏。

但后来，这里又为何变成废弃的荒凉之地？这个问题至今还是一个未解之谜。有猜测说，马丘比丘是印加圣女躲避战乱的秘密场所，因为这座城市没有男性，随着圣女在此逐渐死去，马丘比丘就渐渐成了一座空城。

这座城市还与一个关于亚马孙小城的传说有关，传言西班牙侵略者在寻找黄金国的数次征途中，饮水皆由亚马孙小城的印第安人提供，遂将该小城命名为"亚马孙"。

米格尔·鲁菲诺是一名西班牙侵略者，他曾经在战乱中保护过一名印加圣女。据他回忆称，那名印加圣女曾经带他来到一个秘密的城市，城市里只有一些被选中的圣女和一些权贵居住。

美国耶鲁大学的探险队在秘鲁进行考古探究时，在马丘比丘共发现了163具木乃伊，其中150具为女性。在研究秘鲁古代城市方面，马丘比丘的价值是独一无二的，并且也为我们的考古行动提供了新的思路——哪怕是想要了解如库斯科这样人口多达300万的城市，也不要放过任何2000人左右的细微人口变动，因为所有的数据都对我们了解历史有帮助。

马丘比丘简要地图

1. 城市的大门与城墙
2. 塔楼
3. 祭司殿
4. 圣广场
5. 三窗庙
6. 主殿
7. 揽日石
8. 主广场
9. 丧葬坑和墓地
10. 手工业区
11. 监狱
12. 梯田
13. 吊桥路
14. 圣岩石

马丘比丘全貌（Mark Skalny 供图）

马丘比丘全貌

印加帝国的桥。这些桥梁是牧羊人和羊驼的必经之路，通过在深谷或河流两侧高崖上建造的稳固石礅，将桥面支撑起来，绳索两端以石锚固定。桥面的材料混合了干草、树枝等物编织而成。这些桥梁出自周边居民之手，居民们也会定期对桥梁进行养护

塔楼，一座圆顶建筑

查查波亚斯

下面，我们将一起走进查查波亚斯的神秘世界。这座美洲古代文明时期的古城被发现的时间并不长，但它气势恢宏，不容小觑。

查查波亚斯部分遗址（Matyas Rehak 供图）

和其他与印加文明相近的文明不同，查查波亚斯人居住在幽深的山谷之中，深山老林和山谷云雾完全将他们的行迹隐藏起来。他们对鹰有着特殊的崇拜之情，并且会在自己居住的圆形房屋外墙上，用石头整齐地排列出象征神明的装饰花纹。查查波亚斯民族有着独特的制作木乃伊的方法，将尸体表面覆盖一层黏土，并在悬崖峭壁上凿出一个凹洞，把木乃伊存放在此。

为了抵御肆意扩张的印加人，查查波亚斯人在库拉普修建了在整个美洲古代文明时期都恢宏无双的防御工事。现如今，这座堡垒尽管已经残毁殆尽，但遗迹尚存。

当时的印加帝国在四处扩张之时，最难吞下的就是查查波亚斯这块土地。经过几次艰难的战役之后，在1475年，当时印加帝国的首领图帕克·尤潘基已经感到筋疲力尽，只好放弃。而后来，在印加帝国企图联合周边反抗西班牙侵略者的时候，查查波亚斯人自然是拒绝加入的。

查查波亚斯的典型建筑（Yolka 供图）

查查波亚斯遗址一隅（Michael Zysman 供图）　　库拉普堡垒可怕的陷阱入口（Yolka 供图）　　石棺（Rene Baars 供图）

查查波亚斯的村庄

47

库拉普

1843年第一次发现库拉普的时候，这座查查波亚斯人所建的伟大建筑已经被厚厚的杂草覆盖。

库拉普堡垒长约584米，宽约110米，修建堡垒所用石材约2500万立方米，是埃及胡夫金字塔所用石材的3倍之多。库拉普曾被用作都城、堡垒、宗教活动中心，甚至是大型食物仓库。

整个堡垒的建筑材料是花岗岩和黏土泥浆，堡垒墙高15~20米，共使用了约10万块磨制石料，总重可达1万吨。

库拉普堡垒的入口设有精妙的防御系统，该系统由一条长廊和延伸而出的炮垒、矮塔组成。越往上走，长廊会变得越狭窄，最后只能容一人通过，闯入的人马就只能排成一列前进；这时，高墙之上就会有乱箭和武器如暴雨般向敌人飞去；考虑到即使是被乱箭射中也有勇士能够闯关成功，防御系统后续还设置了隐蔽的陷阱，一旦陷入，不可能逃出。事实上，库拉普的入口还掩人耳目地设计了第二道门，进入后是拾级而上的斜坡路，

查查波亚斯遗址一隅（Matyas Rehak 供图）

看似是通往圣殿的方向，但其实路的尽头是令人眩晕的陡峭悬崖。

在库拉普堡垒的怀抱里，大约3000名居民安然居住在他们圆形的分为两层的房屋之中。"高级"的达官显贵和"低级"的居民分别居住在自己的村庄。

由于"高级"村庄所住的都是达官显贵，需要最高级别的保护，因此在他们的住处周围还环绕建有哨兵巡逻的高塔。

查查波亚斯遗址细节（Michael Zysman 供图）

（Philip Haarmann 供图）

（Jess Krafa 供图）

48

库拉普堡垒

印加文明的
今天与未来

在我们发现这片土地时，它的领土上没有偷抢蒙骗，没有邪恶淫乱；没有好吃懒做的男人，也没有不本分的女人；印加人的生活无比美好……我在这里向您低声忏悔，想要减轻我内心的不安，向您承认我的罪恶——因为是我们，把这个纯洁质朴、手握10万比索金银却将大门打开热情迎宾接客的民族，逼成了如今大门紧闭、门闩紧锁的样子……

——当年的西班牙侵略者曼西奥·西耶拉·德·雷吉扎莫

一具周身包裹着装饰物品的木乃伊。这些物品在另一个世界一直陪伴着他（Colacat 供图）

和中美洲的玛雅文明一样，我们总觉得印加文明的故事并没有画上句号，甚至觉得这种文明在冥冥之中仍在发光。

尽管欧洲宗教的野蛮闯入破坏了印加人对他们神灵的持续崇拜，但真正的印加精神并没有受到影响，印加文明的世界观、宇宙观、自然观以及集体所有制的实践，都安然延续了下来。

"安鲁斯"的家庭模式依然存在，在今奥扬泰坦博等城市，居民依旧居住在"堪查斯"式房屋中，人们相信，只要生活还在继续，那么他们生活的守护者——地球之母"帕查玛玛"和太阳之父"塔塔印地"就一定还存在着。

前来传教的欧洲传教士们却不理解这种信仰。为了让印第安人能够放弃自己的宗教，投身他们的上帝，传教士们竭力为自己的异教思想粉刷上华丽的基督教外壳。

我们常常听到"拉丁美洲"一词，但为什么没有"印第安美洲"这一说法呢？因为数据显示，印第安人只在古代印加帝国疆域内大量群居，在其他古代帝国领土则鲜少有印第安人的身影。于是，一场有关自由与和平的战争正式打响，直至今日依然没有结束：1979年，玻利维亚历史上首次出现成功当选总统的印第安后裔；秘鲁、玻利维亚和厄瓜多尔等国成立了一个拥有52名成员的印第安族裔议会，他们相聚一堂，计划为未来的"塔万廷苏尤"制定律法……

如果古代秘鲁能够用其理想化的魅力感化世人，甚至让人忘记之前它的种种缺点，那么就足以证明，印加文明将会是人们永恒的谈论主题。

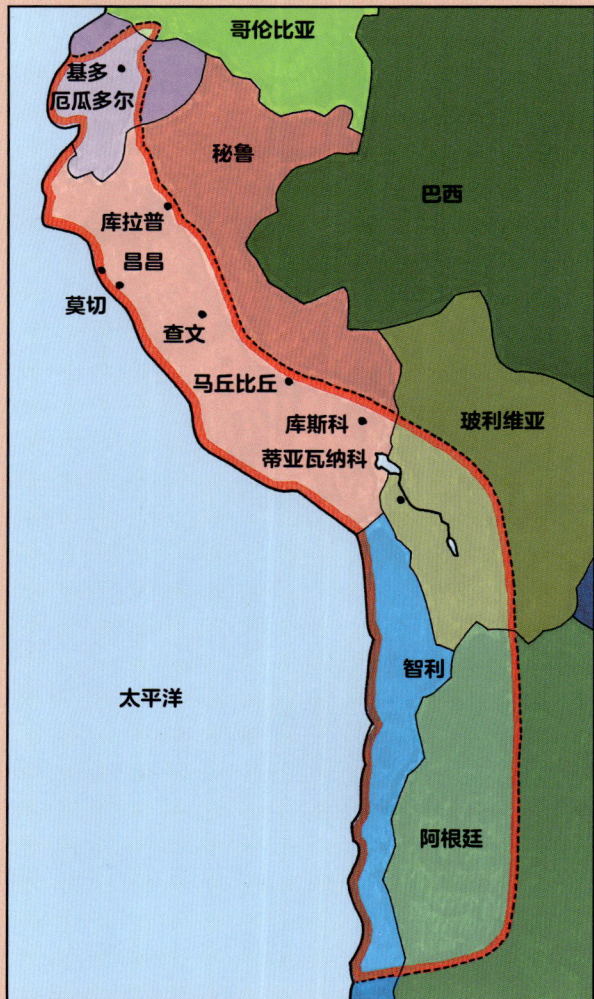

印加帝国势力范围

印加帝国的黄金

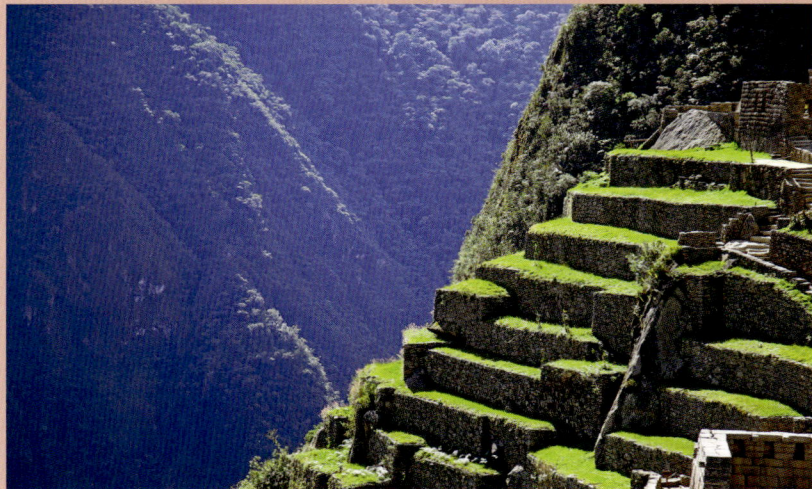

马丘比丘梯田（Foto Monkey 供图）

在全书的结尾，我们要再次回味印加帝国那些让人魂牵梦萦的著名宝藏与财富。

毫无疑问，印加帝国拥有不计其数的黄金与其他贵金属，在西班牙殖民者的记录中，也能找到对这一事实的描述。为了将抢夺来的数万件金器带回西班牙，殖民者们花了数月的时间来将金子熔成金条。单单是印加国王阿塔瓦尔帕为了活命而贿赂西班牙人的金器，总价值就高达900万美元，但尽管如此，西班牙人还是杀死了这位国王。据估计，在1532—1540年，印加帝国至少拥有黄金181吨，白银16800吨。

西班牙人将这些宝藏带回欧洲，整个欧洲大陆一时间金光遍布，甚至造成了欧洲第一次严重的通货膨胀。于是从那时起，一直到之后的几百年，甚至一直到今时今日，印加帝国的宝藏都是留给后世的一个瑰丽的美梦。

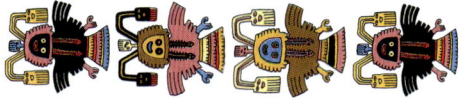

1

2

3

4

5

6

7

8

9

10

11

12

13

14

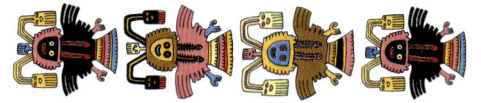

1—3：印加帝国贵族长袍

4：奇穆人胸衬

5：莫奇卡人护腿板

6、7：武器

8：陶瓦制冲锋号

9：奇穆文化木制装饰盒

10：查文文化的岩石座椅

11：金项链

12：计数绳结。这种绳结由一串短绳编成，可以用作计数，历史学家也用其来辅助记事

13：莫奇卡文化的帝王权杖

14：印加王国在被殖民时期的火盆

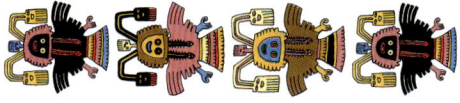

摆　件

15

16

17

18

19

20

21

22

23

24

25

26

27

28

29

30

31

15：蒂亚瓦纳科-瓦里王国的陶瓦制大花瓶

16：奇穆王国的黄金器皿

17—19：印加帝国的花瓶。其中图19所示的戴帽人形象沿用至今

20：殖民时代的木制装酒器

21、22：莫奇卡文化的人像花瓶

23、24：羊驼形黏土花瓶

25：穿衣的金色小雕像，做祭品使用

26、27：耳饰

28：鼻饰

29：青铜刀

30：陶碗

31：收集古柯叶的黄金袋子

1—5：帕拉卡斯王国贵族服装

6：奇穆服装

7—12：莫奇卡勇士服装

13：奇穆王国祭司服装

14：奇穆王国官员服装

15、17：莫奇卡勇士服装

16：莫奇卡祭司服装

18：莫奇卡平民服装

19—23：印加帝国男女服装。图中人像所着的披风是著名的印加披风，来源于美洲古代文化，在西班牙人殖民后开始流行起来

24：印加帝国公主服装

25—27：海边居民服装

28、29：印加贵族服装

30：印加勇士服装

31：印加官员服装

32：钦查苏尤地区印加勇士服装

33：印加投石兵服装

34：钦查苏尤地区印加官员服装

35：印加国王向太阳奠酒

36：身着战袍的印加国王

37：印加国王服装。传统的印加国王会佩戴头带（劳图），额前有红色流苏（马柴帕查），并且手持戟形权杖（逊图帕卡）

38：印加帝国公主服装

39、40：印加贵族女性服装。贵族女性通常会随行一名侏儒，侏儒手持阳伞，肩立鹦鹉

41：印加帝国国王服装

游览指南

查查波亚斯：亚拉普的文明古迹

该考古遗迹位于今查查波亚斯城南约21千米处，乘车40分钟即可抵达。这座遗址的历史可以追溯至1100—1300年，整个建筑群因具有典型的圆形建筑风格和房屋上的浮雕花纹而闻名于世，最好的游览时间为白天。

卢亚：库拉普坚不可摧的炮垒

这座两层炮垒曾经是查查波亚斯的政治、行政、宗教、文化以及军事中心，周围被总长约1900米的高墙所包围。该历史古迹一共有3个入口，从游客入口进入后是一条越走越窄的道路，最窄处仅容纳一人通过。

该古迹适合白天游览，地点位于今查查波亚斯城东南72千米处。如前往游览，需先经过约2小时30分的车程到达马尔卡帕卡，随后步行30分钟即可到达。

实用信息

亚马孙大区旅游局地址：Iperú, place d' armes, Jr. Ortiz Arrieta 590。
开放时间：周一至周六9:00—18:00，周日9:00—13:00。
电话：（041）477292。
联系邮箱：iperuchachapoyas@promperu.gob.pe。
更多信息：www.peru.travel。

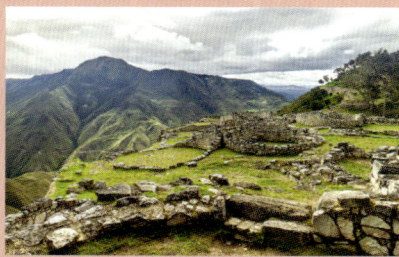

纳斯卡：神奇的大地画

纳斯卡的大地画是一片纵横交替的线条，如果能在上空俯瞰则效果更佳。整片大地画占地约350平方千米，据德国考古学家玛利亚·雷奇称，纳斯卡大地画是日历的一种，并且是为了计算农时而绘制的日历。1994年，纳斯卡大地画正式被联合国教科文组织认定为非物质文化遗产。

实用信息

玛利亚·雷奇机场旅游局地址：Vista Alegre, Nasca。
开放时间：周一至周日7:00—13:00，14:00—16:00。
联系邮箱：iperunasca@promperu.gob.pe。
更多信息：www.peru.travel。

库斯科：通往马丘比丘的必经之路

这条通往马丘比丘的道路是整个印加帝国巨大道路网络中最值得一去的一条，游客可以沿途发现10余个考古遗迹，并享受沿途优美的自然风光。游客可以自主选择在"库斯科—马丘比丘"铁路的82千米处或104千米处开始游览，后续分别需要步行约40千米或16千米即到达马丘比丘。

卡纳斯：科斯瓦查卡吊桥

按照印加帝国传统，科斯瓦查卡（Q'eswachaka）吊桥周边的居民会定期对其进行保养，并且每年6月的第二个星期日开始，居民们要重新编制桥面，一共编制3天；在这期间，约1000人轮流轮班编织，所选的材料都是来自伊书镇和查查科莫的稻草。大功告成之后，城中会举行盛大庆典和宗教仪式，人们高唱圣歌，欢快起舞。

该景点位于库斯科城东南方向约110千米处，如前往游览，需先经过约1小时30分的车程到达康巴帕塔，随后步行45分钟即可到达。

实用信息

马丘比丘旅游局（库斯科大区）地址：Iperú, Av. Pachacutec cuadra 1s/n, of. 4。
开放时间：周一至周六9:00—13:00，14:00—18:00；周日9:00—13:00。
电话：（084）211104。
联系邮箱：iperumachupicchu@promperu.gob.pe。
更多信息：www.peru.travel。

奇克拉约：昌昌城堡垒

1986年，昌昌城堡垒作为第一批印加文明古迹的代表入选了联合国教科文组织的《世界遗产名录》。在古代，昌昌城是一座都城，城市面积达20平方千米。城中拔地而起的高墙上绘制着抽象的动物图腾和神话中的神兽形象。景点的游览时间为每天9点至16点30分，如想游览更多景点，还可移步相关博物馆。

瓦卡拉哈达：西潘王遗址

西潘王是莫奇卡文化的一位国王。1987年，西潘王墓穴被发现，墓中存有大量精美物件，完整地向人们展示了古代帝王的丧葬传统。景点开放时间为每天9点至17点，遗址所在地距奇克拉约大概35千米，乘车45分钟可达。

实用信息

奇克拉约市中心旅游局地址：Iperú, Calle San José，823。
开放时间：周一至周六9:00—18:00，周日9:00—13:00。
电话：（074）205703。
联系邮箱：iperuchiclayo@promperu.gob.pe。
更多信息：www.peru.travel。

（Iryna Savina 供图）

图书在版编目（CIP）数据

印加 ／（法）雅克·马丁著 ；尹明明，杨吉娜译 . —
北京 ：北京出版社，2024.5
（时光传奇）
ISBN 978-7-200-17294-2

Ⅰ．①印… Ⅱ．①雅… ②尹… ③杨… Ⅲ．①印加帝
国—历史—通俗读物 Ⅳ．①K778.2-49

中国版本图书馆CIP数据核字（2022）第115826号
北京市版权局著作权合同登记号：01-2022-2259

责任编辑：王冠中　米　琳

责任印制：刘文豪

时光传奇

印加
YINJIA
〔法〕雅克·马丁　著
尹明明　杨吉娜　译

出　　版　北京出版集团
　　　　　北京出版社
地　　址　北京北三环中路6号
邮　　编　100120
网　　址　www.bph.com.cn
总 发 行　北京出版集团
发　　行　京版若晴科创文化发展（北京）有限公司
经　　销　新华书店
印　　刷　北京雅昌艺术印刷有限公司
版　　次　2024年5月第1版
印　　次　2024年5月第1次印刷
成品尺寸　235毫米×305毫米
印　　张　8
字　　数　105千字
书　　号　ISBN 978-7-200-17294-2
审 图 号　GS（2022）3167号
定　　价　78.00元
印　　数　1—10 000
如有印装质量问题，由本社负责调换
质量监督电话　010-58572393
责任编辑电话　010-58572473